BARREAU DE PARIS

DISCOURS

PRONONCÉ

PAR

Mᵉ HENRI BARBOUX

BATONNIER DE L'ORDRE DES AVOCATS

A L'OUVERTURE DE LA CONFÉRENCE

LE 5 DÉCEMBRE 1881

IMPRIMÉ AUX FRAIS DE L'ORDRE

PARIS

IMPRIMERIE ARNOUS DE RIVIÈRE

26, rue Racine, 26

1881

DISCOURS

PRONONCÉ

PAR

M^E HENRI BARBOUX

Bâtonnier de l'Ordre des Avocats

BARREAU DE PARIS

DISCOURS

PRONONCÉ

PAR

Me HENRI BARBOUX

BATONNIER DE L'ORDRE DES AVOCATS

A L'OUVERTURE DE LA CONFÉRENCE

LE 5 DÉCEMBRE 1881

IMPRIMÉ AUX FRAIS DE L'ORDRE

PARIS

IMPRIMERIE ARNOUS DE RIVIÈRE

26, rue Racine, 26

—

1880

DISCOURS

PRONONCÉ

PAR

Mᵉ HENRI BARBOUX

BATONNIER DE L'ORDRE DES AVOCATS

A L'OUVERTURE DE LA CONFÉRENCE

LE 5 DÉCEMBRE 1881

MES JEUNES ET CHERS CONFRÈRES,

Puisque la confiance de vos anciens m'a de nouveau mis à votre tête, je veux reprendre aujourd'hui notre entretien de l'an passé, et fixer à présent vos regards sur les soins multiples que notre profession exige, et sur les conditions changeantes de cette éloquence judiciaire que nous ne voulons pas laisser déchoir du rang où nos maîtres l'ont placée. Chacun de vos bâtonniers vous doit à son tour le tribut de son expérience et de ses conseils. Pour l'acquitter, il suffisait à mes prédécesseurs de se souvenir de leurs propres travaux. Ils pouvaient parler comme d'eux-mêmes, et leurs discours avaient tout l'attrait d'une demi-confidence. Je ne saurais sans doute prétendre au même avantage; mais je les ai beaucoup écoutés et beaucoup lus; je veux essayer de vous indiquer les règles qu'ils ont pratiquées, et je le ferai sans aucun souci de nouveauté ni d'éclat, sans autre dessein que de vous être utile.

Vous voici à l'audience, à cette barre que de si grandes voix ont illustrée; on appelle votre cause; le silence s'établit, et le juge vous donne la parole. Ne vous étonnez pas, mes jeunes confrères, de l'angoisse secrète qui fait alors passer un nuage devant vos yeux et paralyse un instant votre pensée. Vous pouvez mettre la main sur le cœur du plus endurci de vos anciens; vous sentirez ce cœur troublé et palpitant; car ce moment est celui que, toute sa vie, l'avocat désire et redoute; et plus il avancera dans la carrière, plus il comptera de causes gagnées ou perdues, plus il aura l'amour de son état et le culte de son art, plus il sentira profondément, non plus cette timidité confuse que les années emportent avec elles, mais une crainte salutaire dont je pourrais vous montrer l'égale expression dans la bouche de Cicéron, de Gerbier et de Jules Favre.

Que de périls en effet! Et comme il est heureux qu'à votre âge on n'en ait encore qu'une connaissance obscure, suffisante pour exciter au travail et soutenir le zèle, sans inspirer le découragement! Ces dangers sont partout, dans la cause, dans le juge, dans le public, dans l'adverversaire. A côté des grands obstacles, les petits, qu'on ne surmonte pas toujours avec moins de peine. Cette affaire est si courte qu'on arrive au bout des explications nécessaires sans avoir eu presque le temps de s'emparer de l'esprit du juge. Celle-ci est trop longue, et l'on ne sait comment jeter un peu d'intérêt sur des faits compliqués ou de monotones lectures. Vous êtes demandeur; rien de plus difficile que de mesurer exactement le détail dans lequel il convient d'entrer, pour ne pas compromettre l'utilité et le succès de la réplique qui ne vous sera pas refusée. Vous êtes appelant; et vous voilà obligé de prévoir et de discuter à l'avance des objections qui ne vous seront peut-être pas faites par un contradicteur libre de changer d'allégations et de thèse juridique. Vous plaidez au début de l'audience, dans une atmosphère glacée où vous ne pouvez essayer aucun mouvement. Vous plaidez à la fin; vous avez raconté les faits et vous avez su leur rendre la vie; vous avez montré les personnes et marqué leur physionnomie par des traits qui ne s'effaceront pas; ici vous avez fait sourire le juge; là vous l'avez ému. A présent vous sentez que vous êtes maître de son âme, et cédant au dieu qui vous anime, vous allez........ Quatre heures sonnent : « A huitaine pour la continuation de votre plaidoirie. »

Maintenant, oublions, si vous le voulez, l'attention fatiguée du juge, le public aussi prompt au blâme qu'à la louange, les caprices irritants de la parole; mais n'oublions pas, car il saurait bien nous en empêcher, cet éternel fléau de notre profession, l'adversaire. L'adversaire! En dehors de l'audience il aura pour vous toutes les complaisances, toutes les grâces imaginables. Il vous confiera les documents sur lesquels sa cause est appuyée; il vous en indiquera le sens et la portée; il prendra votre jour, votre heure; il vous donnera toutes les facilités de le combattre. Mais une fois à la barre il n'aura plus qu'une pensée : montrer que vous avez erré sur le fait ou sur le droit, ou sur tous deux. Malheur à vous, si vous n'avez pas envisagé la cause sous toutes ses faces! Votre adversaire la reprend et, se plaçant au point de vue que vous avez négligé, il donne au procès une physionomie nouvelle. Vous êtes parti d'un faux principe, ou d'un principe vrai vous tirez de fausses conséquences. Votre adversaire a vu votre erreur; il la saisit, il la développe, il l'éclaire d'une lumière inattendue, il la confond par cette lumière même, et vous laisse aussi incapable de lui répondre que confus de n'avoir pas, malgré vos efforts, prévu tout ce qu'il vient de vous dire. Quoi que vous fassiez, quoi que vous disiez, il est là, toujours là, prêt à vous écouter et à vous contredire, et la parfaite courtoisie de son langage ne vous empêchera pas de sentir les cuisantes leçons qu'il ne cessera de vous donner.

On s'étonnerait à bon droit de l'affabilité de nos relations au milieu de ce continuel combat, si l'on ne savait ce qu'une mutuelle estime a de puissance pour étouffer les murmures de la vanité, et ce que nous puisons de modération dans le sentiment élevé de l'œuvre judiciaire dont nos luttes peuvent seules assurer l'efficacité. On raconte que Henri IV disait, après la plaidoirie de deux avocats. « Vraiment, ils ont raison tous deux. » Son embarras était naturel, parce qu'il n'avait pas l'habitude de discerner l'erreur au milieu des artifices dont l'habileté l'enveloppe. Mais la vérité est bien plutôt dans ce mot d'un grand magistrat du dix-huitième siècle : « Que le juge est d'au-« tant plus sûr de son avis et tranquille dans sa conscience « que la cause a été plus habilement plaidée des deux « parts. » Le charme de la parole s'efface et laisse du moins au magistrat l'assurance de ne rien ignorer de ce qu'il doit savoir.

. Les dons les plus heureux de l'esprit, la plus merveil-leuse facilité d'élocution, l'imagination la plus brillante vous seraient ici de peu de secours, si vous n'y joigniez la connaissance des affaires et l'usage de cette tactique judiciaire qui ne s'enseigne guère et ne s'apprend qu'au palais. C'est là maintenant ce qu'il faut vous appliquer à acquérir. Je sais qu'il vous en coûte d'interrompre votre stage pour vous livrer aux travaux de la procédure ; la carrière est si longue qu'il paraît naturel d'y entrer au plus vite ; certaines règles vous semblent sévères, inutiles peut-être, parce que vous n'en comprenez pas encore l'in-térêt. Ce n'est pas ici le lieu de s'y étendre, mais il vous suffira sans doute de savoir que les règlements du barreau anglais sont semblables aux nôtres et peut-être plus ri-goureusement observés ; tant la nécessité de séparer la postulation de la plaidoirie est impérieuse, pour assurer à chacune d'elles la liberté de se mouvoir et le moyen d'atteindre le plus haut degré de perfection et de grandeur. Cessez donc de gourmander l'indispensable lenteur d'une préparation vraiment solide ; laissez mûrir votre esprit sans précipitation et sans impatience, et gardez-vous de confondre l'heureuse audace que le succès couronne, avec la présomption qui compromet à la fois le procès et l'avocat.

Je ne suis pas encore assez éloigné de mes jeunes années pour avoir oublié l'opinion que nous avions alors de la plaidoirie et la façon dont nous entendions la pratiquer. Sortis tout fraîchement de l'École, exercés dans les conférences particulières ou sur le théâtre plus imposant de la conférence des Avocats, nous étions par cela même portés à chercher avant tout la question de droit. Le fait nous gênait en quelque sorte, et nous nous hâtions de l'exposer, avec une concision un peu dédaigneuse, pour arriver plus vite à la thèse juridique sur laquelle il nous semblait que tout l'effort de la discussion devait porter. Là, nous nous sentions à l'aise et nous citions, avec confiance, à côté de Valette et de Marcadé, l'opinion d'Ulpien et de Papinien. Les arrêts ne nous retenaient guère, et quand par hasard la Cour suprême s'avisait de contredire la doctrine, nous lui disions son fait en toute révérence, mais avec une hardiesse généralement mal récompensée. Trouvions-nous une citation heureuse, nous ne résistions pas au plaisir de la placer dans l'exorde même ;

et il ne fallait rien moins que le sourire indulgent du juge
pour nous avertir que nous méconnaissions ainsi la pre-
mière règle du goût. Mais l'expérience vient vite à la
barre, et l'on y sent bientôt la justesse de cette remarque
de Dupin aîné ; le style est vulgaire, mais l'observation
est exacte et peut vous être utile : « Les vieux avocats au
« contraire *épluchaient* leur fait, s'étudiaient à le pré-
« senter d'une manière favorable, cherchaient à prévenir
« les juges en faveur de leurs clients, combattaient le droit
« avec l'équité, et soignaient surtout le chapitre des
« considérations. Je m'aperçus de l'effet que cela pro-
« duisait sur les magistrats ; ils sont hommes ; ils ont
« aussi, même à leur insu, des passions et de la sensibi-
« lité. Messieurs d'appel se considéraient surtout comme
« les appréciateurs souverains du fait, comme des juges
« d'équité, avant d'être les interprètes de la science ; et
« ordinairement ils faisaient tout ce qui dépendait d'eux
« pour motiver leurs arrêts sur les *circonstances de la*
« *cause,* afin d'éviter plus tard les cassations qui ne peu-
« vent procéder que de la violation du droit. Je modifiai
« donc ma méthode ; je travaillai mieux mon point de
« fait ; je supprimai une grande partie de ce qui tenait
« à l'érudition,..... et je m'attachai à donner à ma dis-
« cussion une marche plus serrée, plus rapide et plus
« vive. A des plaidoyers de deux et trois audiences, je
« répondais souvent en une seule, et je me montrai tant
« que je pus partisan de la méthode plus nerveuse et plus
« rapide qui a remplacé la diffusion de l'ancien palais,

« méthode dont mon frère Philippe a donné le meilleur
« modèle, et qui est aujourd'hui le ton général du barreau. »

Vous retrouverez encore de temps en temps, mes jeunes
confrères, cette tendance du juge à substituer les inspi-
rations d'une équité arbitraire à la rigueur du droit.
Aucun des articles du chapitre des considérations n'est
abrogé. D'ailleurs la plupart des procès naissent de l'in-
certitude du fait, quoique tous entraînent l'application d'une
règle de droit. C'est donc au fait qu'il faut d'abord vous
attacher, et pour le bien exposer, il faut avant tout le
bien éclaircir. Quoi donc ! penserez-vous, ces choses
ont-elles besoin d'être dites ? Oui, mes jeunes confrères,
et vous pouvez nous croire, la vérité vous échappera plus
d'une fois, en même temps que la patience, au milieu des
dissimulations des plaideurs. Car ce n'est pas l'abso-
lution que le plaideur vient chercher auprès de vous ;
il ne se croit pas obligé à la sincérité ; il vous demande d'épouser sa cause et en même temps sa ran-
cune ou sa passion qu'il n'en sépare pas. Il vous traitera
souvent comme il ferait son juge, et s'il sent que la vérité
lui est contraire, il la gardera pour lui, afin d'être mieux
assuré de votre discrétion. Faites-vous alors résolument
son adversaire ; entrez avec lui dans le plus minutieux
détail ; ne lui épargnez ni les objections ni les critiques ;
n'acceptez aucune invraisemblance, le juge ne la croirait
pas ; car, par une loi bizarre que vous pourrez vérifier
tous les jours, l'homme, qui voit se dérouler devant lui les
événements les plus capricieux, et peut à chaque instant se

donner le spectacle de sa propre inconséquence, ne veut pas admettre qu'un anneau puisse manquer à l'enchaînement rigoureusement logique des faits qui lui sont racontés. Si pourtant la vérité d'un fait invraisemblable vous est démontrée, observez que l'invraisemblance est toujours le résultat d'un hasard qui montre brusquement les effets en dissimulant les causes; attachez-vous alors à découvrir celles-ci, à les préciser, à les prouver, si cela vous est possible. Ne dédaignez, d'ailleurs, même dans les procès civils, aucun de ces moyens d'instruction personnelle auxquels vous avez recours dans les procès criminels, l'examen des lieux, l'expérience scientifique ou industrielle; en un mot, n'oubliez pas que, dans notre profession, savoir tout, même les choses inutiles, est le seul moyen de ne pas ignorer les essentielles.

Cette étude attentive des différentes faces de la cause vous permettra aisément d'en discerner les points faibles. Rien n'est plus important pour le succès de la défense. J'admire avec tout le monde ces grandes plaidoiries qui, roulant à travers la cause, se détournent négligemment des obstacles dont la résistance pourrait troubler l'harmonie et la majesté de leur cours. Mais nous ne nous levons pas à la barre pour faire admirer le talent de la parole; nous avons un but, qui est de gagner notre procès et de triompher de notre adversaire; nous devons ne rien lui laisser « de ce que nous pouvons lui enlever par « conseil ou par prévoyance », et nous répéter chaque jour que, s'il est permis d'être vaincu, il ne l'est pas d'être surpris. On aperçoit vite les raisons favorables; on est porté à s'y complaire, parce qu'on les développe presque sans travail. Il est plus malaisé de discerner les raisons contraires, et dans cette difficile recherche, vous vous trouverez toujours exposé au danger de ne pas prévoir les objections qui vous seront faites et au péril non moins grand d'en supposer qui ne le seront pas. Aussi ne suffit-il pas d'analyser avec l'attention la plus pénétrante les documents et les allégations de la cause; il faut songer à son adversaire, connaître le tempérament de son esprit et ses moyens habituels. Il faut étudier le juge lui-même dans la pensée duquel pourront s'élever des objections d'autant plus redoutables qu'elles seront silencieuses. Puis, lorsque vous aurez ainsi déterminé ce que vous devez craindre et renverser, ayez toujours ces obstacles devant les yeux, redoutez les paroles imprudentes bientôt relevées contre vous, passez légèrement sur les moyens médiocres, fuyez comme le plus dangereux écueil les mauvaises raisons sur lesquelles votre contradicteur insiste et qui font oublier les bonnes, et laissez en terminant l'adversaire confondu de voir toutes ses allégations prévues, toutes ses habiletés devinées, tous ses calculs déjoués, et tous ses mouvements enchaînés par les souvenirs que vous l'avez condamné à réveiller lui-même à chaque pas dans l'esprit du juge.

S'il est naturel que la souplesse ingénieuse de l'esprit se déploie dans la discussion des faits, il ne l'est pas

moins que la justesse et la rigueur du raisonnement dominent seules dans la discussion du droit. Le texte d'abord.
Un avocat anglais reprochait au barreau français d'invo-
quer l'esprit de la loi plus volontiers que la loi elle-même.
Cette critique ne m'a jamais paru exacte ; cependant il y
a là un avertissement utile, et rien n'est plus aisé que
d'éviter une faute si nettement signalée. Attachons-nous
donc avant tout au texte de la loi ; il faut la lire, la relire,
la méditer sans cesse. Si les jours n'étaient pas si rapides,
il faudrait relire chaque année le code civil, le code de
commerce et les cinq cents premiers articles du code de
procédure. Quelle force irrésistible on acquerrait ainsi
peu à peu ! Quelle aisance donnerait, pour se mouvoir
au milieu de toutes les discussions, cette possession com-
plète de toutes les règles du droit. Reconnaître sans hési-
ter un principe faux, l'arrêter au passage, et sur l'heure,
dans la discussion même, rappeler le principe véritable,
montrer le texte, l'éclairer par le commentaire le plus
sobre, tout nourri de la substance des meilleures leçons,
suivre dans le vaste champ du droit les ramifications
du principe et l'enchaînement des idées, ouvrir ainsi
sous les yeux du juges les trésors lentement accumulés
d'une science sûre et féconde, quel idéal, mes jeunes
confrères, et comment ne vous tenterait-il pas de le
réaliser ?

D'ailleurs les enseignements des maîtres éminents qui
vous ont formés, et les traités dont leur infatigable ardeur
ne cesse d'enrichir la science, vous indiquent la transfor-

mation profonde qu'a subie la discussion du droit. Pendant longtemps l'incessante nouveauté des questions que la pratique soulevait tous les jours provoquait des arrêts contraires dont le petit nombre laissait toujours ouverte la discussion théorique. Puis, peu à peu, les arrêts se sont accumulés dans les recueils; ces volumes innombrables vous inspirent peut-être aujourd'hui de l'effroi; le temps le changera en respect, car ils contiennent l'effort accumulé de trois générations de jurisconsultes, de juges et d'avocats. Et cet effort n'a pas été stérile. Beaucoup de controverses sont aujourd'hui pacifiées et silencieuses, et sur d'autres points la jurisprudence a fait faire à la loi même d'incontestables progrès. Car le droit n'est pas une science morte; il vit au contraire; il est le témoin le plus sûr de l'état de la société; il doit répondre à ses besoins, et par conséquent se transformer avec elle. Mais il y a dans la société, comme dans un océan immense, des agitations superficielles et des courants profonds, et la mobilité de la démocratie accroît encore la fréquence et la rapidité de ces changements. Le législateur, incessamment sollicité, ne cessera-t-il donc pas de modifier les lois anciennes et d'en produire de nouvelles? Rien n'est plus funeste que cette manie; elle est, de l'avis des plus grands publicistes du nouveau monde, le fléau de la République américaine; elle livre la loi à tous les vents de l'opinion, et des difficultés nouvelles, souvent plus grandes que les anciennes, sortent bientôt de ces œuvres à la fois confuses et précipitées. Laissez, au contraire, le temps et la jurisprudence accomplir leur œuvre. Le temps manifeste les tendances nouvelles, et la jurisprudence se charge de les régler. Voyez ce qu'elle a fait de la loi de 1807 sur le taux de l'intérêt, de l'article 896 sur les substitutions, de l'inaliénabilité de la dot mobilière, du remboursement des obligations de chemins de fer, et de tant d'autres questions douteuses, sur lesquelles, placée en face des nécessités journalières de la vie sociale, elle n'a pas craint de heurter quelquefois la doctrine. Considérez ce qu'elle a fait de certains articles de la loi de 1867 sur les sociétés commerciales, et ce qu'elle essaie de faire sur d'autres, et sans méconnaître que la jurisprudence peut avoir, elle aussi, ses entraînements, ses modes, presque ses passions, reconnaissons l'œuvre admirable de cette sagesse ingénieuse et patiente qui, sans entrer en lutte avec le texte, ni proclamer son insuffisance, a su trouver des solutions satisfaisantes pour des cas imprévus, combler des lacunes évidentes et assurer ainsi la durée des lois, en tirant de principes certains des conséquences flexibles, comme ces rameaux chargés de feuilles que le vent agite à son gré au-dessus du tronc puissant et immobile qui les porte et qui les nourrit.

Mais la jurisprudence varie, me direz-vous, et souvent au moment où on la croit la mieux établie. Cela est vrai, et il en sera ainsi tant qu'on n'aura pas compris que le pouvoir judiciaire devrait être associé à la préparation des lois de droit privé. Je voudrais pour mon compte que, à des intervalles réguliers, dix ans par exemple, les tribunaux supérieurs émissent des vœux, pour signaler les lacunes et les défauts reconnus des lois. Et quand ces observations, après avoir subi le feu de la critique des jurisconsultes, seraient modifiées ou renouvelées, le gouvernement trouverait, j'imagine, dans cette expression d'une opinion réfléchie et éclairée le germe de propositions qui pourraient peut-être soutenir la comparaison avec les projets que nous octroie ou nous réserve l'initiative parlementaire. Mais d'ailleurs ces variations toujours possibles de la jurisprudence n'enlèvent rien à l'autorité des grandes solutions sur lesquelles elle paraît s'accorder. « Les arrêts ne sont bons que pour ceux qui « les obtiennent », disait le vieux professeur Bugnet. Les successeurs de ce rude maître ne pensent pas comme lui ; nous les voyons, au contraire, suivre la jurisprudence pas à pas, non seulement dans leurs traités, mais dans leurs travaux de tous les jours ; nous les voyons, avec une reconnaissance dont je tiens à leur envoyer d'ici l'expression, se faire les annotateurs des arrêts où les principes sont engagés, tantôt les justifier par leur science, tantôt attacher à leurs flancs un trait quelquefois mortel, toujours mêler ensemble deux courants longtemps divisés, et cela pour la plus grande sûreté de nos conseils et pour le plus grand profit de la justice elle-même.

A présent, maîtres du droit et du fait, il faut composer le discours et lui donner les deux qualités qui résument toutes les autres, l'ordre et le mouvement.

Vous n'attendez pas de moi sans doute, mes jeunes confrères, des règles de rhétorique. Ce n'est pas que je les croie inutiles. *Implent illa*, disait saint Augustin, *quia sunt eloquentes; non adhibent ut sint eloquentes.* Et Fénelon, dans ses dialogues sur l'Éloquence, rappelle avec complaisance cette pensée. Sans doute le génie n'a pas besoin de préceptes; mais, outre que le génie est assez rare, cette éloquence spontanée qui éclate tout à coup dans la bouche d'un homme fortement ému a peu de place au barreau. La parole a ses règles, comme tous les arts; et il est aussi naturel de les apprendre, quand on veut être avocat ou écrivain, qu'il est raisonnable d'apprendre le dessin pour être peintre, le solfège et l'harmonie pour être musicien. Étudiez donc, sans honte, ce qu'ont écrit sur la composition et sur le style Cicéron, Quintilien, Fénelon, la Bruyère, Pascal, Voltaire, Buffon. C'est là, qu'au milieu des préceptes de moindre importance qui sont comme la grammaire de l'art, sont déposées les lois éternelles de l'éloquence; et non seulement on devient, par l'étude de ces lois, plus sensible aux beautés des orateurs et des poètes qui en ont réalisé les types immortels, mais encore, on ne doit point désespérer d'y apprendre à suivre, fût-ce de loin, leurs traces lumineuses.

Tu, longe sequere, et vestigia semper adora.

Mais à quoi bon tant d'efforts, me direz-vous peut-être? Tout semble changé dans les luttes judiciaires. Le juge est pressé ; la statistique l'aiguillonne. Les procès sont vulgaires, même les gros, qui ne sont que des questions d'argent. Que demande-t-on aujourd'hui à l'avocat? La connaissance du droit et des affaires, un esprit avisé et fertile, une discussion vigoureuse, une parole claire et facile ; de temps à autre, pour quelques procès retentissants, de l'esprit, de l'ironie, de la passion même, mais de celle qui jaillit, soudaine, emportée, et qu'un orateur a toujours à sa disposition, pourvu qu'il ait des nerfs et du sang. Qui donc aujourd'hui se soucie de l'art et du style? Aux yeux des juges, le premier mérite d'un avocat n'est-il pas d'être court? On ne cherche plus l'expression élégante, on veut le mot propre ; peut-être y a-t-il encore çà et là quelques esprits délicats qui aiment la parole, et que ravit une belle pensée noblement rendue ; mais le courant du siècle les emporte ; une discussion toute pédestre, donnant les raisons comme elles viennent ; une langue sobre, nette, familière, à égale distance de la vulgarité et de l'éloquence, est l'instrument naturel d'une société démocratique, éprise d'utilité et de sciences exactes, et convaincue que, dans un discours comme ailleurs, on peut intervertir l'ordre des facteurs sans changer le produit.

Ceux qui tiennent ce langage se trompent, parce qu'ils confondent l'éloquence avec les moyens qu'elle emploie, et ne regardent qu'au vêtement dont elle se couvre. Sans doute cet habit change de mode, et dès qu'il a cessé de faire fureur, il devient presque ridicule. Les Athéniens, si raffinés sur l'accent de leurs orateurs, supportaient, sans en être choqués, l'usage de faire lire par un scribe les dépositions des témoins, les décrets, les lois, et même les vers d'Homère, de Sophocle et d'Euripide, que les orateurs voulaient rappeler. Imagine-t-on Chaix d'Est-Ange, Jules Favre, Paillet, Bethmont, s'interrompant tout à coup, pendant que l'auditoire est suspendu à leurs lèvres, pour abandonner à la voix indolente du greffier ces lettres qu'ils lisaient si bien ? Au xve siècle et jusqu'au milieu du xvie, les avocats, dans toutes les causes importantes, commençaient leur plaidoirie par un texte des livres saints et s'attachaient à édifier le juge au moins autant qu'à l'instruire. Ce mélange du sermon et de la plaidoirie nous semblerait aujourd'hui bien ridicule ; cependant Étienne Pasquier nous atteste qu'il produisait alors le plus merveilleux effet sur des âmes dominées tout entières par la puissance de la foi. Nous trouvons insupportable l'allure lourde et pédantesque des plaidoyers de la fin du xvie siècle ; des auditeurs enivrés d'érudition les trouvaient admirables. Lemaître et Patru parlaient le langage du xviie siècle, comme Cochin et Gerbier celui du xviiie. En 1815, presque aucun des orateurs de la Chambre n'osait improviser, et tous lisaient ou récitaient. Les avocats étaient un peu plus hardis ; cependant Hennequin et de Martignac, pour ne rappeler que les plus grands, récitaient d'un bout à l'autre des plaidoiries écrites ; et non seulement cela ne prêtait pas à rire, mais encore on les trouvait admirables de pouvoir réciter avec tant de naturel. Dupin aîné écrivait son exorde, et pour ne pas se donner la peine de l'apprendre il le lisait ; puis il le mettait ostensiblement de côté, prenait ses notes et commençait à plaider. La langue de Chaix d'Est-Ange et de Philippe Dupin a vieilli ; elle a des sonorités qu'ils adouciraient eux-mêmes aujourd'hui. Ainsi la forme extérieure et les moyens de l'éloquence changent avec le temps, et j'irai jusqu'au bout de ma pensée en disant qu'il ne faut pas railler trop cruellement les vieux modèles. L'artiste et l'écrivain peuvent en appeler du faux goût de leur temps au jugement de la postérité. L'avocat n'a pas de lendemain ; il ne cherche pas à produire une impression prolongée à travers les siècles, croissant ou décroissant avec les révolutions de la mode et du goût. Il demande un jugement, c'est-à-dire un acte immédiat. Son œuvre naît des circonstances ; elle leur est en quelque sorte asservie ; elle passe presque toujours avec elles ; et s'il a convaincu et entraîné ceux qui l'ont entendu, nous pouvons bien nous étonner de la puissance de la parole, mais nous n'avons pas le droit de condamner son art, parce qu'il choque nos idées et notre goût.

Au surplus, si la forme varie, le fond reste le même. Tant qu'il y aura de graves questions douteuses, des vraisemblances combattues les unes par les autres, des lois qui paraîtront en contradiction avec l'équité, de grands intérêts lésés, des malheurs domestiques, des calomnies répandues, des misères, des fautes et des crimes, il y aura dans cette lice ouverte place à l'éloquence judiciaire, c'est-à-dire à l'art de captiver par la parole l'âme et l'esprit des juges. D'ailleurs cette simplicité, cette sobriété, cet éloignement de la déclamation et de l'emphase, qui doivent être aujourd'hni le ton général du barreau, ne sont point opposés à l'éloquence ; ils nous ramènent, au contraire, vers ses règles les plus pures et nous rapprochent de ses plus beaux modèles. Les règles d'un art dérivent de la fin qu'il se propose et du but qu'il poursuit. Nous parlons pour d'autres ; c'est assez dire que nous ne devons apporter à l'audience ni les soupçons injustes, ni la crédulité passionnée des plaideurs, et modérer autant que possible, par l'urbanité du langage, la gravité des accusations. Pourtant notre parole est libre, et l'intérêt le plus pressant de la justice exige qu'elle le soit ; et, comme le disait au siècle passé un avocat général, s'il s'agit de poursuivre le crime, de stigmatiser la trahison, de flétrir la bassesse ou le dérèglement des mœurs, nous devons nous servir d'expressions dures, cruelles, véhémentes, qui seules peuvent rendre la vérité ; et pourvu qu'on n'y mêle pas l'injure contre les personnes, les parties n'ont qu'à s'en prendre à elles-mêmes du scandale qui les couvre et de l'opprobre qui les atteint. Nous plaidons devant des juges et pour des juges. Ils ont un jugement à rendre, et ils cherchent dans nos plaidoiries les raisons de décider. Ils apprécient donc surtout le plaidoyer qui met ces raisons en quelque sorte sous leur main. De là, la nécessité impérieuse d'éviter les digressions et de fuir la loquacité stérile qui fatigue

le juge par son abondance même, et lui laisse à peine
entrevoir de temps à autre, pour le lui faire perdre de
vue aussitôt, le but vers lequel on le conduit. Car c'est
là ce que veut avant tout savoir le juge ; il faut le lui
montrer d'abord, fût-ce brièvement, afin qu'il apprécie
lui-même, à mesure que les faits et les raisons se déve-
loppent, la convenance de les produire et les rapports
qu'ils ont avec la question du procès. Cette règle est vraie
même pour les conclusions du ministère public. Vous
l'entendrez quelquefois balancer avec art les arguments
de la demande et de la défense, paraître céder tantôt
aux uns, tantôt aux autres, appuyer tout entier d'un côté,
puis tout à coup, par une raison tenue en réserve et
laissée dans l'ombre, changer brusquement et se rallier
à l'opinion contraire. On accroît ainsi, je le reconnais, l'at-
tente inquiète du plaideur ; on pique la curiosité du public,
s'il s'intéresse à la cause ; mais on nuit à la force de la
démonstration, parce que l'auditeur court par instinct
au-devant de la conclusion de l'orateur et ne se pénètre
des arguments que lorsqu'il la connaît. Le juge pense
de même ; mais une fois cette satisfaction donnée à son
impatience légitime, il vous appartient ; c'est à vous de
mettre en œuvre, pour le gagner, toutes les ressources de
l'art ; n'oubliez pas surtout que l'éloquence tempérée
convient seule au barreau, qu'elle ne supporte aucun
oubli du tact, de la mesure et du goût, et qu'elle exige
bien plus de ménagements que l'éloquence politique.
Qu'il s'agisse d'une foule ou d'une assemblée, l'orateur

politique parle devant des hommes passionnés comme lui ; il vise à les émouvoir plutôt qu'à les convaincre ; il a devant lui ses auditeurs qui le soutiennent par leurs applaudissements. Nous avons le public derrière nous, et nous n'avons tout au plus à attendre de lui que ce murmure silencieux qui court sur une foule attentive, comme un frisson d'admiration et de plaisir. Le juge d'ailleurs, encore bien qu'il ait des préjugés et des passions, a la volonté d'être impartial. Il faut avant tout s'adresser à son esprit et rassurer sa conscience ; la preuve est pour lui la partie essentielle ; si vous attaquez directement sa passion, il le sent ; tout ce qu'il a de droiture prend l'alarme et le met en garde contre vous. Il tient avant tout aux bienséances ; un encens grossier lui répugne. Pourtant il est homme, il est accessible à la pitié, à l'admiration, au mépris, à tous les sentiments humains ; mais son émotion doit être comme involontaire, elle ne naîtra pas d'une provocation directe, mais d'une chaleur communicative partout répandue ; ce que Cicéron exprime en disant : « Ne paraissons jamais que « vouloir instruire et prouver, et que les deux autres « moyens, plaire et émouvoir, soient répandus dans le « plaidoyer, comme le sang l'est dans les veines. »

Et ces efforts faits pour agir sur les sentiments du juge, ne sont point des pièges tendus à la justice ; car ils n'ont de succès qu'à proportion de la vérité qu'ils contiennent. Le magistrat n'est que trop souvent obligé de s'arrêter à la superficie des choses, et de s'en tenir à une vraisemblance matérielle et presque grossière ; de là l'imperfection de sa justice. Le procès lui cache le plaideur, et la vérité morale, qui domine l'autre, lui échappe. Quel service ne lui rend-on pas, lorsque, par de longs entretiens avec le client, par cette confiance que la sympathie sollicite, et que la patience obtient, on parvient à se glisser dans le domaine de la conscience, et qu'on y fait entrer le juge avec soi. Je ne puis plus, comme l'orateur antique, déchirer la toge de l'accusé pour découvrir les cicatrices de ses blessures. Mais je puis descendre dans son cœur, en sonder les replis, le comprendre à l'aide du mien, y retrouver les souvenirs heureux ou cuisants, compter les plaies qu'y ont laissées les injures et les souffrances, et, profondément ému de ce spectacle, le montrer aux juges avec délicatesse, avec douceur, avec sincérité, afin qu'ils jugent en hommes les actions de l'humanité. Cette éloquence ne convient pas seulement aux grandes causes ; tout dépend de la nature du débat et non de son étendue. Il faut plus d'art sans doute dans les moindres, parce qu'on n'a pas le moyen d'échauffer peu à peu le cœur du juge ; mais il y a de petites plaidoiries qui sont des chefs-d'œuvre de grâce touchante et attendrie. Ne cessons donc pas de tendre à la perfection de notre art ; elle est l'une des conditions les plus élevées, l'un des éléments nécessaires de la justice même. Ayez toujours devant les yeux cette beauté idéale de l'éloquence qui fait d'elle la maîtresse des âmes. Ne vous contentez pas d'en garder le culte intérieur et de

l'admirer chez les autres ; poursuivez vous-même le fan-
tôme divin ; ne craignez pas de vous égarer sur ses traces
ni de vous perdre. Il vous échappe ; redoublez d'efforts.
Courage ! vous allez le saisir, et quand même alors il se
changerait dans vos bras en une écorce insensible, de ce
contact sacré jailliront des jouissances qui répandront
sur vos plus rudes travaux un charme infini, et commu-
niqueront à votre âme une sérénité durable, par le dé-
goût de toutes les basses pensées, par le dédain facile
des vulgaires ambitions.

Je dois maintenant, Messieurs, rappeler le souvenir
des trop nombreux confrères que la mort nous a ravis.
Obéissant à son habitude capricieuse, elle a pris dans
tous les rangs et dans tous les âges, depuis celui devant
qui la carrière s'ouvrait à peine, jusqu'au vieillard illustre
qui avait épuisé tous les travaux et tous les succès de la vie.

M. Charpentier était l'année dernière substitut du pro-
cureur de la République au tribunal de la Seine. Les
décrets du 29 mars alarmèrent sa conscience ; il donna
sa démission et revint parmi nous. Il y a toujours beaucoup de tristesse au fond de pareilles résolutions. L'incer-
titude de l'avenir aiguillonne l'imagination de la jeunesse ;
elle peut effrayer un esprit déjà mûri par l'expérience.
M. Charpentier la supportait cependant avec vaillance, lorsque la mort l'a pris au seuil même de sa nouvelle carrière.

M. Bellaguet et M. Ledieu étaient jeunes tous deux et

commençaient à se faire apprécier de leurs jeunes confrères. M. Belin était connu de nous tous. Il avait été
secrétaire de Jules Favre et avait gardé pour lui un culte
passionné. Sa vivacité toute méridionale, sa loyauté et
sa franchise le faisaient aimer de ceux-là même qui
n'avaient pas eu l'occasion d'apprécier son talent.

M. Juteau et M. Borie étaient de vieux avocats, l'un
inscrit depuis 1848, l'autre depuis 1857. Tous deux ont
eu au Palais une occupation sérieuse, M. Borie surtout,
très attaché aux affaires et suivant assidûment les audiences. Ses commencements avaient été difficiles. Pendant de longues années l'exiguïté de ses ressources l'avait
obligé à donner des leçons. Peu à peu, il s'était formé
une clientèle qui savait apprécier l'utilité toute pratique
de ses conseils. Il lui aurait manqué de passer un jour
sans venir au Palais. Nous le vîmes mourir lentement,
presque sous nos yeux, et nous garderons le souvenir de
son humeur facile, de son caractère obligeant, de sa vie
laborieuse, simple et digne.

M. Frigolet appartenait au barreau depuis 1842 ; mais
il s'était presque exclusivement adonné au journalisme
judiciaire. Ce n'est pas chose facile que de saisir avec rapidité la véritable physionomie d'un débat judiciaire, et d'analyser fidèlement des dossiers dont on ne peut pas étudier les
détails. Il faut pour cela beaucoup d'attention, de scrupule,
d'impartialité, de patience, et ces qualités, pour être

modestes, n'en sont pas moins assez rares. M. Frigolet excellait à ce travail, et il s'y était attaché avec passion, comme il arrive à tout ce qu'on fait bien. Pourtant l'âge lui avait fait sentir la nécessité du repos, et il s'est éteint loin de Paris, nous enlevant ainsi la douceur d'accompagner son cercueil et de montrer une fois de plus que notre estime et nos regrets ne manquent à aucun de ceux qui ont porté notre robe avec dignité et avec honneur.

Tout autre avait été, dans le même journal, l'importance de M. Bertin. Attaché en 1835· à la rédaction du *Droit*, il en devint plus tard le rédacteur en chef, et occupa vaillammant son poste pendant vingt-trois ans. Il aimait passionnément la science, et il sentait très bien qu'il était mieux fait pour les travaux du jurisconsulte que pour les discussions de l'audience. Extrêmement impressionnable, convaincu, ardent, il éprouvait une peine visible à contenir toutes les idées qui se présentaient ensemble à son esprit et à leur imposer cette discipline qui les range et permet de les exprimer chacune à leur tour. La plume à la main, il retrouvait tous ses avantages, et l'on a de lui d'excellentes consultations. Mais la réputation considérable qu'il s'est acquise bien au delà des limites de notre barreau repose sur les ouvrages qu'il a laissés, et qu'il n'a cessé de perfectionner jusqu'à sa mort. Il avait publié d'abord un code des irrigations; il s'attaqua ensuite à deux sujets d'une importance pratique extrêmement grande que, par un oubli regrettable, le Code de procédure a presque négligé de régler. Vous savez que, sous le nom de Chambre du conseil, le tribunal civil exerce une juridiction, tantôt contentieuse et tantôt gracieuse, dont le caractère ambigu soulève les plus graves controverses. Il en est de même du pouvoir du président rendant des ordonnances, soit sur requête et sans contradiction, soit contradictoirement et en référé. L'arbitraire peut aisément se donner carrière dans ces matières à peine effleurées par la loi, et la prudence du juge dissimule le danger sans le faire disparaître. Bertin s'empara de ces sujets où les jurisconsultes n'avaient pas osé jusqu'à lui s'aventurer; car le livre de M. Debelleyme est plutôt un recueil de jurisprudence qu'un livre de doctrine. Il les traita en jurisconsulte et en praticien, et ses livres rendent tous les jours les plus grands services. Ces beaux travaux, ainsi que l'honorabilité parfaite de son caractère, l'avaient placé très haut dans l'opinion du Palais. Il fut pendant plusieurs années membre du Conseil. Vers la fin de sa vie, sa santé délicate l'obligeait à chercher des hivers plus doux que les nôtres. Mais il n'était pas oublié; on le vit bien au concours de confrères et d'amis qui se pressaient à ses funérailles pour acquitter le tribut douloureux auquel nul, plus que lui, n'avait droit.

M. André Rousselle était inscrit au tableau depuis 1855. Un goût très vif l'entraîna de bonne heure vers la politique et le détourna des affaires civiles. Les dernières années de l'Empire le virent aux premiers rangs de la démocratie avancée. La faveur populaire paraissait vouloir récompenser ses efforts ; mais sa santé fût tout à coup profondément ébranlée. Depuis un an, il devenait aveugle, et ses yeux ne percevaient plus que des lueurs incertaines, lorsqu'une mort bienveillante a brusquement terminé son épreuve. Il avait l'humeur douce, le caractère obligeant, le cœur sans fiel, et la patience résignée avec laquelle il supporta sa dernière infortune, donne à la fin de sa vie une dignité qui la rehausse toute entière.

Enfin, Messieurs, nous avons perdu celui qui portait si bien parmi nous la double couronne de l'âge et de la gloire. M. Dufaure a eu dans le degré le plus éminent deux qualités qui assurent toujours l'autorité et le respect, mais éloignent souvent la popularité, la constance des opinions et l'intégrité du caractère. Ajoutez-y le bon sens le plus élevé, la passion des affaires et du travail, l'éloquence, vous l'aurez en quelques mots tout entier. Sa nature n'offre pas de contrastes ; le dedans répond au dehors. Considérez l'image que le pinceau d'une éminente artiste nous a conservée pour les siècles. C'est un corps robuste qu'habite une âme vigoureuse. La bouche est large et forte, bien faite pour cette voix sans mélodie, mais puissante, soutenue, et pleine d'une âpreté éloquente, quand elle est enflée par la passion. Les yeux profondément abrités jettent un regard sérieux et pensif ; il y a quelque chose de rustique dans ces cheveux négligés, dans ce visage hautement coloré qu'éclaire une vive intelligence. Avec lui, pas de sous-entendus ni de réticences ; pas de coins mystérieux où puisse se glisser la curiosité maligne de la postérité. La solidité de son jugement le défend contre l'abattement auquel sont exposés les hommes qui s'engouent de leurs propres idées et apportent dans la politique plus d'enthousiasme que de raison ; il est victorieux sans jactance et vaincu sans découragement. Vous ne le voyez pas chercher après le combat la retraite philosophique dans laquelle les grands lutteurs ont souvent aimé à se renfermer pour retremper leurs forces ou panser les blessures de leur orgueil. Lui, il est infatigable ; sa vie est réglée comme aux temps d'autrefois ; aucun travail ne lui semble aride. Qu'il s'agisse d'affaires publiques ou d'affaires privées, il y porte la même attention pénétrante et scrupuleuse, la même gravité, la même conscience. Il échappe aux jugements sévères que les moralistes n'ont pas épargnés à l'humanité. Il n'est pas l'homme ondoyant et divers de Montaigne. Pascal a dit qu'on ne cherchait le tumulte des grandes affaires que pour s'étourdir et s'arracher à soi-même. M. Dufaure a été pendant quarante ans mêlé aux plus grandes, sans en avoir jamais senti le tumulte, sans leur avoir jamais demandé l'oubli de ces agitations intérieures dont la foi garantissait son âme. Ses opinions politiques sont aussi fermes que ses croyances. Il défend les idées libérales en 1825, il les défend en 1880 ; il n'a changé que d'adversaires. Il est six fois ministre, d'une monarchie et de deux républiques; personne ne lui reprochera d'avoir fait, quand il était le maître, ce qu'il blâmait quand il ne l'était pas. Il a, pendant cinquante ans, exprimé librement son opinion sur toutes les questions; personne n'a jamais pu l'opposer à lui-même. L'exercice du pouvoir ne l'use pas; il sait le prendre à son heure, et, ce qui quelquefois honore davantage, il sait aussi le quitter. Mais cette constance n'est pas l'indifférence d'un esprit qui regarde passer devant lui les générations, et ne s'intéresse à leurs aspirations et à leurs souffrances qu'à proportion du trouble qu'en pourrait éprouver la molle quiétude de ses habitudes et de sa vie. Il suit au contraire, comme son ami M. de Tocqueville, avec une curiosité passionnée le développement de la démocratie. Frappé de ses défauts, quel homme sensé pourrait ne pas l'être? il sait que les défauts de la démocratie sont toujours plus apparents que ses mérites, et il ne méconnaît pas la force dont elle dispose pour améliorer le sort du plus grand nombre. Sa fermeté n'est pas davantage l'obstination aveugle d'un politique mécontent qui s'ensevelit dans les regrets du passé. M. Dufaure a toujours regardé devant lui; il n'a jamais demandé au passé que des leçons, en lui laissant ses rancunes. Il croit au progrès; il cherche les moyens de l'assurer, et il les cherche toujours avec sincérité. Ses opinions sont fermes, parce qu'elles sont hautes, tempérées et justes; comme elles sont hautes, elles dominent sans effort les changements de la fortune;

modérées, elles résistent aux préjugés et aux passions du moment ; justes, et fondées sur les principes invariables de la raison, elles demeurent la commune mesure de toutes les idées et de tous les temps. Par plus d'un côté, M. Dufaure rappelle ces légistes qui ont joué dans l'histoire un si grand rôle. Même simplicité dans les habitudes, même gravité dans le langage, même attachement à l'ordre et au droit, même dédain pour les utopies, même recherche du possible et du praticable, même amour ardent et éclairé de la patrie. La force des convictions et la permanence des desseins sont dans tous ces hommes un caractère commun et comme un trait de race qui donne à leur vie une admirable unité ; cette unité est rendue plus sensible encore par la diversité des événements qu'ils traversent et la variété des moyens qu'ils emploient, et ce qui les distingue, c'est précisément un ensemble de qualités égales et un équilibre parfait qui semblent exclusifs de l'originalité.

Né à Saujon, près de Saintes, en 1798, M. Dufaure se fit d'abord inscrire au barreau de Bordeaux. Lorsqu'on étudie l'histoire du barreau pendant la Restauration, on est frappé d'un fait extrêmement remarquable. Presque tous les grands procès de trahison, de complot, de presse, qui ont marqué cette époque agitée, sont plaidés par de jeunes avocats. Là même où des anciens, comme Berryer père, prennent la parole, ils sont aidés par de jeunes confrères qui publient des mémoires, cherchent à agir sur l'opinion, et prennent en quelque sorte la responsabilité politique du procès. Il suffit de regarder au nom de ceux qui tenaient alors la tête du barreau pour comprendre que leur attachement passionné à la légitimité leur faisait craindre de se charger d'une défense que la cour aurait considérée comme factieuse. Nous sommes habitués aujourd'hui à ne prendre conseil que de nous-mêmes, et fort peu des convenances du pouvoir. Nous pratiquons la tolérance politique comme le premier devoir de la confraternité. Mais il n'en a pas toujours été ainsi, et Manuel, demandant son inscription au barreau de Paris, se la vit refuser, sans qu'il soit possible d'en trouver d'autre motif que son hostilité bien connue contre la royauté. Il est vrai que, sous l'empire de l'ordonnance de 1822, le conseil ne sortait pas du suffrage ; mais cette circonstance ne saurait justifier une exclusion faite pour humilier notre orgueil, et pour nous rappeler que notre tolérance confraternelle est une conquête sur laquelle il est toujours bon de veiller. Les passions étaient plus violentes encore au barreau de Bordeaux. Ferrère venait de mourir ; M. de Martignac était magistrat ; Lainé et Ravez étaient engagés dans la politique ; mais leurs opinions dominaient le barreau dont ils étaient l'orgueil. M. Dufaure n'hésita pas cependant à produire ses idées libérales ; il saisit toutes les occasions de les défendre, et il sut si bien, malgré sa jeunesse, gagner la confiance de ceux dont il ne pouvait espérer de rallier l'opinion qu'au bout de dix ans il était bâtonnier de son ordre. Par une fortune singulière, dix ans après son inscription à Paris, il était bâtonnier du nôtre.

Les électeurs de Saintes l'envoyèrent à la Chambre en 1834. Les Chambres de la Restauration avaient consacré plus de temps à la politique qu'aux affaires, et croyant avoir assez fait pour le pays, quand elles l'avaient agité, elles ne laisseront guère d'elles, en dehors des lois sur la presse, que le souvenir de leur impuissance à faire revivre un passé disparu. Au contraire, quelque opinion qu'on puisse avoir sur la direction politique que la monarchie de Juillet s'efforça d'imprimer à la société française, il est impossible de méconnaître la fécondité du mouvement législatif pendant cette période de notre histoire. Les lois sur les municipalités, sur l'expropriation pour cause d'utilité publique, sur les brevets d'invention, sont demeurées le code de toutes ces matières. Les lois sur l'instruction publique ont eu cette singulière fortune qu'on invoque aujourd'hui leurs dispositions et leurs principes contre la loi républicaine de 1850. La loi de 1838, sur les faillites, préparée, discutée, amendée pendant trois ans par les deux Chambres, peut être comparée aux plus belles parties de nos codes. Enfin toutes les lois de développement des voies de communication, et spécialement les lois générales sur les chemins de fer ont été votées à cette époque et ont préparé la prospérité dont l'Empire a recueilli le fruit. A peine entré à la Chambre, M. Dufaure renonça à la plaidoirie et se livra tout entier à l'attrait des affaires publiques. Il montra dans la discussion des lois sur les chemins de fer une telle supériorité de raison éloquente qu'une médaille commémorative fut frappée en son honneur. Mais il ne me reste plus rien à dire sur la part qu'il prit à ces grandes délibérations, sur l'étendue de son savoir, sur son bon sens lumineux, sur sa raison toujours prête à montrer la solution naturelle et juste, sur cette autorité universellement acceptée, qui est après tout le moins fragile des empires, et qu'il ne devait ni à la flexibilité du caractère ni à l'affabilité banale des relations personnelles.

J'aurais aimé aussi, mes jeunes confrères, si le temps même et la nature de cette assemblée l'avaient permis, à le suivre avec vous sur le terrain de la politique et à chercher des leçons dans les principes qui ont dirigé la sagesse de sa vie. Nous l'aurions vu servir avec une égale loyauté la monarchie de Louis-Philippe et la République de 1848, demeurer fidèle à ses propres idées, ce qui est le seul devoir d'un honnête homme, quand il n'a pas les obligations d'un serviteur ou d'un ami, et quitter le ministère, lorsque le pouvoir commença à devenir factieux. Puis il couve pendant vingt ans, sous le calme apparent des travaux judiciaires, le feu des anciens combats ; il prend la tête du mouvement libéral pendant les dernières années de l'Empire, et lorsque la liberté sort, le front déchiré, du milieu de nos ruines, il apporte au restaurateur de la patrie son dévouement absolu, son autorité grandie encore, et la jeune verdeur de ses soixante-douze ans ; il le défend, il tombe avec lui. Plus près de nous, nous le voyons céder encore une fois à d'instantes prières et intervenir pour nous épargner peut-être la guerre civile. Il était résolu alors à ne plus reprendre le fardeau du pouvoir. Ce n'est pas qu'il sentît le déclin des forces ou la lassitude d'une longue existence ; mais il voulait réserver les restes de sa voix à deux grands sujets sur lesquels était alors concentrée sa pensée : la question religieuse, tourment de son patriotisme et de sa conscience, et le pouvoir judiciaire dont l'indépendance et la dignité lui semblaient encore confiées à sa garde. Enfin il se proposait de réunir l'œuvre oratoire de sa vie entière et de commencer de ses propres mains le monument de sa renommée. La mort l'a pris au milieu de ses desseins, et elle nous a tous frappés, comme inattendue, tant notre affectueux orgueil s'était accoutumé à le croire indestructible !

Mais si notre illustre confrère nous échappe par beaucoup de côtés, il nous appartient presque tout entier par son éloquence. Ce qui fait la saveur et l'originalité de sa parole, c'est que, avec la hauteur des vues et la simplicité des moyens qui conviennent à la politique, il emprunte à l'éloquence judiciaire l'art de discuter qui s'apprend mieux au barreau. Sa méthode est si simple qu'elle semble à la portée de tout le monde. Commencer par écarter les objections accessoires qui embarrassent le débat, poser la question avec une rigueur mathématique, y insister, montrer qu'elle est celle-là et non une autre, puis s'avancer régulièrement, d'un pas égal, vers la solution, écraser les objections à mesure qu'on les rencontre, supposer toujours à ses adversaires des vues hono-

rables et des desseins patriotiques, parler pour ceux qui
écoutent et non pour le dehors, convaincre ses amis
comme s'ils en avaient besoin, discuter avec ses adversaires comme s'ils pouvaient être convaincus, ne jamais
se départir d'un langage grave et simple jusque dans
l'expression toujours contenue de la passion, mêler parfois l'ironie la plus mordante à la gravité la plus imper-
turbable, répandre sur tout le discours la chaleur qui vient
d'une âme honnête et sincère, voilà bien les traits sail-
lants de sa parole. Si puissante qu'elle fût dans les débats
des affaires privées, elle ne montrait vraiment toute sa
grandeur que dans la discussion des affaires publiques;
et si j'ai pu dire que, par certains côtés, l'éloquence judiciaire est plus difficile à atteindre que l'éloquence politique, il est juste de laisser M. Dufaure nous apprendre
maintenant comment l'orateur est supérieur à l'avocat :
« Je ne veux pas me laisser entraîner à vous dire par quels
« côtés importants l'éloquence de la tribune diffère de
« celle de la chaire et du barreau; ne suffit-il pas de re-
« marquer que l'orateur de la tribune, au lieu de l'au-
« ditoire pieusement muet qui recueille comme d'indis-
« cutables vérités les paroles qui tombent de la chaire, au
« lieu des magistrats bienveillants qui prêtent une oreille
« attentive au procès qu'ils vont juger, voit en face de lui
« un auditoire en partie hostile, sur lequel il prétend
« exercer une puissance que tant de passions et d'intérêts
« sont disposés à lui contester; qu'il ne peut pas toujours
« choisir ni le moment où il parle, ni le lieu où il

« se place ; qu'il est obligé parfois de concevoir l'ensem-
« ble de son discours, et d'en ordonner les détails avec
« la même promptitude qu'un général conçoit son plan
« de bataille ; qu'il doit attaquer ses adversaires sans ris-
« quer d'en faire pour son opinion des ennemis irrécon-
« ciliables, chercher le doute dans l'âme de ceux qui hé-
« sitent afin de le dissiper, donner aux pensées de ses
« amis une forme telle qu'ils se glorifient de suivre son
« drapeau ; dans la discussion même la plus vive être
« clair, être rapide, et éviter qu'un mot mal choisi ou
« mal compris ne compromette les principes qu'il dé-
« fend ; c'est là un grand acte de l'esprit humain. »

M. Dufaure nous montre ici le secret de son cœur. La
barre ne lui a jamais fait oublier la tribune. Les grands
sujets de la politique sont la nourriture habituelle de sa
pensée. Ses plus beaux succès du palais, à l'exception
d'une affaire de séparation de corps, sont des procès politiques, celui de la confiscation des biens de la famille
d'Orléans, celui de la brochure du duc d'Aumale, celui
de l'Histoire des princes de la maison de Condé, celui des
Treize. Avec quelle émotion nous écoutions ces belles plaidoiries ! Quelle force ! Quelle simplicité mâle et imposante !
Comme ce vaincu fait baisser les yeux aux vainqueurs !
Quelle modération hautaine, cent fois plus terrible que l'ou-
trage ! Et comme on sent, même dans cette parole éteinte
et dans ce langage refroidi, le souffle de l'indignation qui
fait résonner la poitrine, la violence de l'effort qui en
contient l'explosion, l'amour profond de ces libertés,

servies quand elles étaient reines, et qui, maintenant proscrites et suppliantes, viennent réclamer l'appui et la consolation de son éloquence ! Ah ! Souvenirs tout puissants de notre jeunesse ! Pardonnez-moi, mes jeunes confrères, de les faire revivre ainsi avec complaisance sous vos yeux. La génération à laquelle j'appartiens touchait à l'âge d'homme lorsque le silence s'appesantit sur la France mobile et fatiguée ; et si Dieu n'a pas donné aux maîtres de la politique le pouvoir de créer ou d'étouffer à leur gré la pensée, il leur a cependant permis de la réduire à la stérilité, en la condamnant à la solitude. L'homme n'est rien que par l'homme. Vainement une génération tout entière porte en elle le germe des nobles sentiments, religion, charité, liberté, patrie ; si rien ne vient du dehors féconder cette semence des grands hommes et des grandes œuvres, si l'éloquence et la poésie sont muettes, si le prêtre s'appuie trop complaisamment sur le pouvoir qui le soutient, si les hommes que leurs dignités ou leurs talents élèvent au-dessus des autres donnent pour seul but à leur vie la poursuite de la richesse et du plaisir, si tous les regards sont sans cesse tournés vers la terre, cette génération passera sans laisser de trace, vouée d'avance à la médiocrité et à l'oubli. Pourtant elle sent ce qui lui manque, elle en souffre, et son cœur vibre avec une intensité douloureuse à la voix de ceux qui, nés avant elle, conservent le patrimoine précieux qu'elle a négligé de recueillir. M. Dufaure disparaît le dernier de

cette troupe glorieuse, et je salue en lui tous ces combat-
tants illustres dont la constance a lassé la fortnne, et
entretenu dans nos âmes, avec le culte de l'idée, l'in-
domptable besoin de l'indépendance.

Mais si la parole de notre confrère se plaisait à ces
grands essors mieux qu'aux humbles détails des affaires
privées, il n'en n'avait pas moins pour notre profession
un attachement profond, et il n'a perdu aucune occasion
de le montrer. Garde des sceaux et membre du conseil,
il assistait toujours à la messe de rentrée, et après y avoir
occupé la place qui appartient au chef de la magistrature,
il se mêlait à nos rangs afin de confondre aux yeux de
tous ce double honneur que sa pensée ne séparait pas. Il
venait aux séances du Conseil dès que les affaires publiques le lui permettaient, et souvent, quand nous nous
levions pour le recevoir, notre respect embarrassait la
modestie et presque la timidité qu'il avait conservées.

Enfin il a voulu que son testament contînt le témoi-
gnage de ses sentiments pour l'ordre, et j'en ai pu recueillir de ses lèvres mourantes la touchante expression.
Je le vis la veille de cette mort si bien préparée, et si
admirablement conforme à sa vie; il m'attendait, et dès
que je fus près de lui, il voulut qu'on nous laissât seuls :
« Rappelez à tous nos confrères, me dit-il, combien,
« depuis le premier jour, j'ai été profondément attaché
« à notre chère et noble profession; tout ce que j'y ai
« fait et dit a été inspiré par une seule pensée, faire
« régner dans le barreau les idées libérales. Elles n'é-

« taient pas en faveur, quand j'ai pris la robe à Bor-
« deaux ; les passions du temps dominaient tout. Peu à
« peu d'autres jeunes gens se sont réunis à moi, et j'ai
« eu la joie de voir partout le triomphe de mes idées.
« Plus tard je suis venu au barreau de Paris, qui m'a
« comblé d'honneurs que je ne méritais pas. Dites à Al-
« lou, à Bétolaud, à Rousse, à Templier, à tant d'autres
« dont j'oublie en ce moment les noms, combien je les
« ai estimés et aimés. »

Il s'arrêta alors un instant. « Et vous, reprit-il, s'il
« faut que je meure, je vous remercie d'avance de ce
« que vous direz de moi, qui sera toujours au-dessus
« des mérites d'un homme secondaire comme je l'ai
« été. » Il cessa de parler et, me serrant fortement la
main, m'attira près de lui et m'embrassa.

J'ai reçu pour le barreau ce dernier adieu, je le lui
rapporte fidèlement aujourd'hui. Notre illustre bâtonnier
revit tout entier dans ces paroles, et nul parmi nous
ne pourra se défendre d'une émotion profonde, en
retrouvant, à ce moment suprême et presque dans son
âme exhalée, ses convictions ardentes, son attachement
invincible à la liberté et jusqu'à cet amour de la gloire,
que l'humilité chrétienne purifie sans l'anéantir et qui
sera toujours l'aliment des grandes âmes.

Et vous, mes jeunes confrères, cette vie toute de travail, d'honneur et d'éloquence vous donne le meilleur
enseignement que vous puissiez recevoir. La Bruyère a
dit un mot admirable : « Nous devons travailler à nous

« rendre dignes des grands emplois ; le reste est l'affaire
« des autres. » L'esprit de toutes nos règles est contenu
dans cette maxime. La rapidité avec laquelle s'éclair-
cissent les rangs de vos aînés, vous avertit assez que votre
génération devra bientôt porter le poids de ces emplois
de la barre, toujours plus grands à mesure que s'élève le
courant tumultueux de la démocratie. Pour quelques-
uns, la tâche sera brillante ; pour les autres, plus mo-
deste ; pour tous, noble et difficile à bien remplir. Vous
ne l'avez pas encore reçue, cela est vrai ; mais elle ne
tardera guère, et, croyez-en l'expérience de vos anciens,
de ces années précieuses, que votre ardeur ronge avec
impatience, dépend le succès des travaux de la vie.
Remplissez donc sans relâche votre esprit et votre cœur.
Les affaires viendront ; car un instinct très sûr guide les
plaideurs et leurs conseils vers ceux qui montrent les
prémices du talent. Rendez-vous dignes des grands emplois ; le reste est l'affaire des autres.

Paris. — Imprimerie Arnous de Rivière, rue Racine, 26.]